MEMOIRES DE SAINT-MARTINVILLE

par Charles Larroque

PELICAN PUBLISHING COMPANY
Gretna 1999

Toutes photographies sont par l'auteur à moins que noté autrement.

ISBN: 1-56554-398-X

LE BAYOU TECHE

Dans la langue des indiens Choctaw, *bayouk*, ou *bayou*, signifie "cours d'eau qui coule lentement" et *Tèche*, "se tortiller comme un serpent." Selon une légende des Chitimachas, le long cours d'eau paresseux qu'est le bayou Tèche s'est formé autrefois lorsqu'un serpent géant fut abattu par des flèches de guerriers indiens. Tressaillant et agonisant, le serpent creusa alors son propre lit de mort, sinueux et profond. Aujourd'hui, partant du bayou Courtableau, le bayou Tèche serpente sur près de 150 kilomètres où il se jette dans la baie de Berwick, près du golfe du Mexique.

Cette artère, vitale par le passé, servait de voie fluviale permettant à la fois d'accéder au monde mythique des plantations et d'acheminer vers le monde extérieur les fruits produits par les planteurs. C'est le bayou Tèche qui reliait autrefois les mers émeraudes de canne à sucre aux marchés d'esclaves en amont du fleuve. C'est ce même bayou qui reliait le Petit Paris, nom donné à Saint-Martinville par les "exils temporaires" de la Révolution Française, à un autre Paris et à une autre époque. C'est enfin le Tèche, serpentant au milieu des riches prairies des Attakapas, qui accueillit à la fin de leur voyage les réfugiés acadiens, victimes du Grand Dérangement, qui succombèrent au charme des chênes verts et des cyprès ondulant leurs branches drapées de mousse comme pour les accueillir en *Nouvelle-Acadie.*

Le bayou Tèche, voie fluviale de "l'Éden de la Louisiane."

LES ATTAKAPAS

Avant les coureurs de bois, les missionaires, les Créoles, les esclaves et les Acadiens, il existait dans les cyprières et les prairies côtières un peuple puissant qu'on appelait les Attakapas, ce qui signifie "mangeur d'homme" dans la langue des Indiens Choctaw. Cette réputation si terrifiante provient de témoignages selon lesquels cette tribu pratiquait le cannibalisme envers ses prisonniers de guerre. Les Attakapas étaient considérés comme des guerriers redoutables par les tribus avoisinantes Choctaw, Alibamon et Opelousa. Ces derniers finirent par s'allier pour battre leur ennemi commun au cours d'une bataille féroce qui eut lieu sur une colline à l'ouest de l'actuelle Saint-Martinville.

Les Attakapas ont depuis longtemps cessé de pister le bison en direction de l'ouest au printemps. Très peu continuent de pêcher dans les lacs et les bayous du sud de la Louisiane. Ils ne dansent plus la danse sacrée dédiée à *Utsuta't*, "Celui-d'en-haut." Seuls les habitants ailés des vieux cyprès chauves au bois éternel se souviennent de cette langue originelle qui sonnait, dit-on, comme le "gazouillement des oiseaux." Pourtant, la présence des Attakapas se fait toujours sentir. Elle est là quelque part dans l'harmonie d'une nature imprévisible où le calme absolu d'un bayou porte à croire que le temps reste figé sur lui-même. Elle est là dans l'immobilité silencieuse d'un alligator aux aguets, ou dans les premières bourrasques d'une brise du golfe qui se transformera bientôt en ouragan de fin septembre.

Statue d'un Indien Attakapas devant l'Église Saint-Martin de Tours.

L'EGLISE SAINT-MARTIN DE TOURS

Ton ami Gabriel n'est pas bien loin d'ici. . . .
Le Tèche coule au sud, Saint-Maur est sur la rive;
Saint-Maur et Saint-Martin. Notre pirogue arrive,
Et, c'est là que l'épouse, après un long ennui,
Retrouvera l'époux et vivra près de lui;
Que le pasteur pourra, sous son humble houlette,
Réunir de nouveau le troupeau qu'il regrette!

—Le Père Félicien dans *Évangéline*,
de Henry Wadsworth Longfellow, traduit par
Pamphile LeMay, réédité par René Babineau.

Si Longfellow accable de malheurs son héroine, Évangéline, le Père Félicien-le Révérend Jean-François de Civrey de la déportation, personnage véridique-aurait bénéficié en revanche d'un sort plus clément. En effet, il parvint à rassembler ses ouailles et devint le premier prêtre de Sainte Mère l'Église des Acadiens. Mais ce ne fut pas sans peine que ce Capucin œuvra dans ce "Jardin d'Éden" qu'était la Louisiane. On peut lire dans ses écrits de 1765 une triste litanie de naissances et de baptêmes suivis par les enterrements de mères et de leurs enfants. Parmi ceux qui moururent cette année-là se trouvait le regretté chef légendaire des Acadiens, Joseph Broussard, dit "Beausoleil."

Avant l'arrivée des Acadiens, à une époque où la paroisse était surnommée "le Poste des Attakapas," on administrait déjà les sacrements de l'Église Catholique aux premiers habitants. Sur les plus vieux registres de cette paroisse, la plus ancienne dans le sud-ouest de la Louisiane, on peut lire qu'en 1756, le Révérend Pierre Didier baptisa puis maria deux esclaves: *Jean, dit Ingui, de Manéga, et Marie, de la nation du Sénégal.*

En 1773 fut construite la première église sur un terrain cédé par Bernard Dauterive. L'Église actuelle fut achevée en 1844 et continue depuis plus d'un siècle et demi à servir la communauté de Saint-Martinville, en grande partie catholique.

L'Église Saint-Martin de Tours et son presbytère, vus de la Maison Duchamp.

LE MONUMENT ACADIEN

Un peuple sans passé est un peuple sans futur.

—Antoine Bourque

Acadie! Acadie! C'est le Paradis d'antan des Acadiens (constitué aujourd'hui de la Nouvelle-Écosse, du Nouveau-Brunswick et de l'Île-du-Prince-Edouard), grandement dérangé en 1755. Les Acadiens, peuple farouchement indépendant, furent bannis de leur paisible pays et embarqués vers une longue et périlleuse odyssée qui emmena la majorité d'entre-eux vers la terre promise de Louisiane: la nouvelle Acadie.

Situé sur le bayou Tèche à Saint-Martinville, le Monument Acadien rend hommage au courage et à la ténacité des hommes, des femmes et des enfants qui ont survécu aux épreuves de leur expulsion. Une fresque murale de dix mètres sur quatre créé par le célèbre muraliste Robert Dafford commémore l'arrivée des Acadiens. À partir d'une documentation relative à l'identité de véritables réfugiés acadiens, l'artiste a peint les visages des exilés à l'image de leurs descendants louisianais.

Visant à renouer les liens rompus de l'exode acadienne, le Monument Acadien dispose d'un centre de recherche et abrite le Mur des Noms qui identifie quelques 3000 réfugiés acadiens en Louisiane. Les familles d'origine acadienne du monde entier ont maintenant la possibilité de commencer une nouvelle odyssée, celle de leur généalogie, à l'issue de laquelle des familles entières continuent de se retrouver comme le firent leurs ancêtres il y a plus de deux siècles sur les rives du bayou Tèche.

Le fresque murale, réalisée par Robert Dafford pour le Monument Acadien, intitulée L'arrivée des Acadiens en Louisiane. (Steve Comeaux)

STATUE D'EVANGELINE

Elle vécut ainsi parmi nous, toujours de bonne humeur, mais la mélancolie émanant de son visage et ses sourires si tristes nous amenèrent à la considérer non pas comme un être de ce monde mais plutôt comme notre ange gardien. C'est pourquoi nous ne l'appelâmes plus Emmeline, mais Évangéline, le petit ange de Dieu.

—La grand'mère du Juge Félix Voorhies
dans *Acadian Reminiscences*

Évangéline est-elle le fruit de l'imagination du poète Longfellow, passioné par l'odyssée tragique des Acadiens, ou est-elle en réalité, comme le veut la tradition, Emmeline Labiche, celle qui resta fidèle à son regretté Louis Arceneaux et celle qui, dit-on, repose ici? Mythe ou réalité, le regard perçant de cette Joconde de bronze est un mélange de perplexité et de charme muet, celui d'une âme en peine qui défie toute analyse historique.

La statue d'Évangéline ou la mémoire d'une Acadienne qui n'était pas "comme un être de ce monde."

EVANGELINE OAK
Longfellow's poem "Evangeline"
immortalized the tragedy of
the Acadian exile from Nova
Scotia in 1755. This oak marks
the legendary meeting place
of Emmeline Labiche and Louis
Arceneaux, the counterparts
of Evangeline and Gabriel.

LE CHENE EVANGELINE

Vous demanderez peut-être, "Quelle est l'origine de cette tradition?" Je vais vous dire . . . Je ne sais pas, mais c'est une tradition, et grâce à nos traditions, chacun de nous sait qui il est et qu'est-ce que Dieu attend de lui.

—Tevye dans *Le Violoniste sur le Toit*

C'est ici sur les rives du bayou Tèche que s'arrêta le périple des nombreux exilés acadiens, qui s'installèrent dans la région des Attakapas, au pays des bayous. C'est sous la voûte de ce chêne, devenu lieu saint, que naquit la légende d'Emmeline Labiche, dite Évangéline. Les romantiques y ont peint un tableau évoquant les douces reminiscences d'une vie idyllique mais perdue à jamais. Les folkloristes racontent l'histoire d'une héroïne fidèle et persévérante qui résista aux tumultes de la déportation, jusqu'à ce qu'elle perde ses illusions et sombre dans la folie. Même dans la tragédie, la malheureuse suscite une ardente fierté nationale trop longtemps enfouie sous les rives de bayous au cours paresseux.

Ce chêne continue aujourd'hui à refléter le noble caractère des Acadiens qui surmontèrent le traumatisme de l'exil, ainsi que la honte de la discrimination, et qui réussirent à préserver leur propre culture. Le romantisme continue de souffler sa douce mélancolie aux travers des branches voilées de mousse espagnole. Les racines des arbres immortels, ancrées fermement dans ce "pays d'Évangéline," continuent, elles, à se nourir de la légende et de la tradition.

Le chêne d'Évangéline, symbole de la survie dans un monde aléatoire.

LA MAISON OLIVIER

C'est sans doute le mot "créole" qui exprime le mieux le triomphe de l'adaptation dans le contexte louisianais. À l'origine, cette distinction faisait référence aux personnes issues des premiers colons français et espagnols et qui, dans ce Nouveau Monde idyllique mais parfois cruel, restaient intimement attachés au cordon ombilical les reliant au Vieux Monde. Plus tard, le terme "créole" désigna une spécificité indigène provenant de ressources locales, toujours utilisées et toujours recherchées.

Au *Longfellow-Evangeline State Commemorative Area*, la Plantation Olivier diffuse tout ce qui est créole. C'est dans la nature même des matériaux de construction de cette villa créole surélevée, construite vers 1815, qu'on rend hommage aux ressources de la région: la brique faite d'alluvions provenant du sud louisianais, le bois dit éternel du cyprès propre aux marécages, et le *bousillage*, un mélange de terre et de mousse espagnole, qu'on insère entre les pièces de la charpente.

Ce lieu de rencontre entre le marais de l'Atchafalaya et la prairie des Attakapas est lui-même un "bousillage" multiculturel composé d'agriculteurs français, d'Acadiens exilés, d'Espagnols, d'Amérindiens, de gens de couleur libres, et d'esclaves dont l'exploitation humaine contribua à la grandeur du système des plantations. Le tout se fond ici, cristallisé par les passions du Vieux Sud, ravivé au présent par les sens et les mémoires.

La Maison Olivier située au Longfellow-Evangeline State Commemorative Area.

L'ALLEE DE CHENES ET DE PINS

Un chêne solitaire, pouvant défier les forces destructrices d'un climat subtropical, fait penser à la présence impossible d'une montagne dans le delta du Mississippi. Un *chênier*, c'est une assemblée sacrée et ombragée, un conclave secret. Mais une allée de chênes, c'est comme une avenue passant sous des arcs de triomphe, sous des colosses consacrés et voûtés gardant l'entrée d'une époque qu'il ne faut pas oublier.

L'Allée de Chênes et de Pins fut plantée par les esclaves de Charles Jérôme Durand vers 1829. Partant du bayou Tèche et menant à la résidence du planteur créole, cette allée longue d'environ cinq kilomètres ne pouvait laisser aucun doute quant au statut social du propriétaire. Tout comme la canne à sucre qu'il plantait, l'imagination de Durand prospérait dans la chaleur et l'humidité de la Louisiane. Chaque matin, la famille qui vivait dans cette plantation se réveillait aux odeurs de parfums vaporisés par les serviteurs. Après le bain matinal, parsemé de crystaux arômatiques, l'heure était à la promenade en calèches, magnifiquement décorées d'or, rivalisant avec celles du Palais de Versailles.

En 1850, à l'occasion des mariages simultanés de ses deux filles, Charles J. Durand chargea ses esclaves d'apporter à cette allée arborescente une décoration à la hauteur de sa nature extravagante. Il fit amener des araignées connues pour la prolification de leur toile (certains racontent qu'elles furent capturées dans le bassin de l'Atchafalaya, tout proche, d'autres qu'elles furent ramenées de contrées aussi lointaines que la Chine!) et elles furent relâchées dans les arbres afin d'accomplir leur œuvre arachnéenne. Ce fut ensuite aux esclaves, munis de soufflets, de revêtir de poussière d'or et d'argent les toiles vibrantes et couvertes de rosée. C'est sous ce splendide baldaquin éclatant de lumière que défila le divin cortège nuptial fort de ses deux milles invités.

Mais le fléau que fut la Guerre de Sécession entraîna la ruine pour Charles J. Durand qui perdit tous ses biens. La maison fut avalée par des éléments impitoyables mais l'allée, magnifique, demeure toujours et reste une élégante avenue au milieu de vastes champs de canne à sucre. Se promener dans la partie restante de ce couloir de chênes, c'est être doucement transporté vers une autre époque, troublante et pourtant exquise, une époque d'une beauté sensuelle dans le vide enflé du Vieux Sud.

L'Allée de Chênes et de Pins exposant ses arcs de triomphe d'une autre époque.

LE VIEIL HOTEL CASTILLO

Je me disais que je n'avais jamais rencontré d'endroit aussi tranquille et agréable. Je sentais que j'aurais aimé flâner là pendant toute une semaine en ignorant entièrement le reste du monde.

—Charles Dudley Warner, *Harper's Monthly,* 1886

Si le quasi-impénétrable marais qu'est le bassin d'Atchafalaya a réussi à isoler Saint-Martinville de la culture des plantations sur le Mississippi, c'est la venue du bateau à vapeur qui a permis à ce village de devenir en quelque sorte, une station balnéaire à la mode. Las de l'éclaboussement de la grande roue du bateau, c'était avec hâte que les voyageurs attendaient enfin la "Courbe d'Évangéline," parce qu'ils savaient que là, à la rive ouest du bayou aux eaux brunâtres, leur était réservé un accueil chaleureux, connu seulement dans ce coin de pays énigmatique.

A l'instar des bâtiments dans les vieilles villes situées sur une voie maritime, le Vieil Hôtel Castillo, construit vers 1830, a connu plusieurs vocations. Il a servi comme comptoir de traite, résidence, salle de bal, couvent catholique pour filles, auberge, et restaurant. Au 18ième siècle, pendant la saison estivale, le Petit Paris se faisait divertir à l'opéra par des invités de l'hôtel membres de la Compagnie de l'Opéra de la Nouvelle-Orléans.

On raconte là-bas que sous la lune mourante des nuits d'été, la magie de l'arbre d'Évangéline envahit parfois le parc du Vieil Hôtel, et qu'alors, dans la pénombre doucement hantée de cet endroit emplit de charme et de poésie, se faufile l'étrange silhouette d'une revenante.

Le Vieil Hôtel Castillo, vu du Chêne Évangéline.

LA MAISON DUCHAMP

Au pays du bayou Tèche, le passé se fond au présent. Il palpite comme une fièvre chronique, toujours évocateur d'une splendeur perdue et d'une certaine mélancolie, tantôt voilé dans le domaine du surnaturel, tantôt saisi dans les murs des vieilles maisons vides.

À l'ombre de la mousse espagnole tombant des chênes, le long des sentiers parfumés d'azalées, l'imagination court à l'écoute des chuchotements secrets d'un autre temps, d'un autre monde auxquels appartenait la maison des Duchamp pour qui cette demeure fut construite en 1876. C'est ici, menant la vie raffinée des planteurs créoles qu'habitèrent Eugène Auguste Duchamp, sa femme Marie Amélie et leurs quatorze enfants. Par la suite, cette construction de style néo-classique changea plusieurs fois de propriétaires, servant successivement de résidence pour une autre famille créole, d'hôtel, de restaurant, d'école, et même de bureau de poste.

Aujourd'hui la Maison Duchamp reste un monument emblématique de l'histoire unique de Saint-Martinville et beaucoup considèrent cet édifice forçant le respect comme le témoignage vivant des histoires et des vies d'un passé trop vite écoulé.

La Maison Duchamp, monument digne du passé de Saint-Martinville.

ST. MA
BAN
& TRUST
Robert's

LA RUE PRINCIPALE

Si jadis, dans ce pays féérique, le bayou Tèche fut propice aux rencontres légendaires, c'est aujourd'hui dans la Rue Principale que se retrouve la communauté de Saint-Martinville. Située en face de l'église et de la *Grand'Place*, cette artère commerciale est le lieu de rencontre de ces habitants bercés par la culture acadienne en Louisiane.

Observer leurs visages, c'est se prêter à la rêverie. Imaginez la métamorphose d'un peuple façonné à l'image de son environnement, sublime dans ses paysages et intrépide lors de ses combats pour la survie. Passez la porte du barbier et vous trouverez le Commandant du Poste des Attakapas coiffant Beausoleil Broussard. Ils se parlent en créole. À la radio, on entend de la musique zarico. Arrêtez-vous au petit café d'à côté: une serveuse aux yeux noirs sort de la cuisine en dansant le *two-step*, des plats de *gumbo z'herbes* dans les mains. Elle fredonne du Elvis; c'est le petit ange de Dieu elle-même, Évangéline. Et dehors sur le trottoir, coiffé d'un chapeau tressé, un magnifique soldat de Toussaint Louverture se demande à quand votre prochain retour.

La rue Principale a été témoin d'événements impliquant l'eau et le feu, soldats et cardinaux, opéra et Mardi Gras, mais ce qui résonne au delà des façades commerçantes, c'est la vie quotidienne du centre ville, tamisée par les quartiers avoisinants. Français et Allemands, Écossais et Irlandais, Créoles et Cadiens, c'est une valse de la vie qu'ils dansent tous au travers de leurs cuisines, de leurs églises et de leurs festivals alors qu'ils continuent de renouveler leur identité à l'écart du courant culturel dominant—l'*American mainstream*—au coin des rues Main et Mémoire.

La Rue Principale sous le ciel du 15 août.
AU PREMIER PLAN: *Les visages de Saint-Martinville, au coin des rues Main et Mémoire.*

LE MUSEE DU PETIT PARIS

Ah! Ce bal! Je pose ma plume sur le papier et, ma tête entre les mains, je revois le visage de jeunes filles éclatant de beauté et celui de cavaliers en riches habillements; j'entends les échos de cette musique si différente de celles que nous connaissons aujourd'hui. Hélas! La plupart d'entre eux dorment maintenant dans le cimetière de Saint-Martinville.

—"Les Aventures de Françoise et Suzanne"
dans *Strange True Stories of Louisiana*
par George Washington Cable

Pour les émigrés de la Révolution Française, la Louisiane représentait une chance exceptionnelle de transplanter la Noblesse européene en Amérique. Cependant, bien des aristocrates dans la colonie ne s'amusaient guère des chansons sanglantes de Madame Guillotine qu'on pouvait entendre dans les rues de la Nouvelle-Orléans. Ils quittèrent la ville pour les prairies fertiles et lointaines des Opélousas et des Attakapas où ils créèrent une culture de plantation, riche et puissante, baignant dans le mythe et l'excentricité.

Et aux bals du "Petit Paris," l'on y dansa, l'on y dansa: le menuet aux habitations de plantation, le boléro à l'auberge, et la bamboula sous les magnolias. Aujourd'hui, près de l'église, la nostalgie s'attarde au Musée du Petit Paris où sont exposés des costumes que portait la société créole de Saint-Martinville à l'occasion des bals de Mardi Gras d'autrefois. Est-ce la cour de Versailles ou plutôt la salle fantastique de Madame Tussaud, habitée par la grâce des personnages rayonnant aux noces de l'Allée de Chênes et de Pins, figés dans leurs magnifiques costumes, comme pris dans les toiles d'araignées tissées par le temps? Ils sont les conservateurs du musée de l'imagination, les évocateurs d'un passé somptueux.

Costumes participant à la reconstitution des noces de l'Allée de Chênes et de Pins, au Musée du Petit Paris.

LA PLANTATION SAINT-JOHN

Son battant retiré lors de la Reconstruction, la cloche de la plantation reste muette. Forgée à Cincinnati, elle rouille maintenant, juxtaposée au temps. Quarante arpents s'étendent du marais jusqu'au bayou; ébranlant leur lourd chargement, les tracteurs défilent en traversant des nuages de fumée couleur kaki et se dirigent vers l'usine de canne.

Introduite en Louisiane par les Jésuites français en 1751, la canne à sucre remplaca rapidement l'indigo et le coton pour devenir la récolte la plus rentable. Depuis sa construction en 1828 par Alexandre Étienne de Clouet, la Plantation Saint-John, située à 5 kilomètres de Saint-Martinville, est restée dédiée à la reine Saccharose.

Au fil des années, bien des choses ont changé dans la culture, la *roulaison* (la préparation) et la fabrication de sucre. La menace provenant des insectes et des maladies est moindre aujourd'hui grâce aux avions-pulvérisateurs, bien audacieux, qui patrouillent les mers de cannes verdoyantes. La chanson saccadée et mouillée des couteaux de canne a été remplacée par les grincements de dents mécaniques; et les vieilles bouilloires en fonte ont fait place à une technologie inoxydable. Mais tout n'a pas changé. Lors de la coupe, la canne qui brûle dans les champs continue d'envelopper la campagne de son odeur de sucre, sous son manteau de résidus de bagasse. L'usine est une gigantesque mâchoire où d'infatigables dents sucrées broient sans discontinuer. Et le vendredi soir au mois d'octobre, ça bouge dans les clubs de *fais do-do* et de *zarico*, pleins à craquer et animés par des danseurs couverts de suie et aux bottes maculées de *blackjack*, cette terre noire et vaseuse qu'on trouve au pays des bayous.

L'usine de canne à sucre sur la Plantation Saint-John.

LE BASSIN DE L'ATCHAFALAYA ET LE LAC MARTIN

En arrivant à la terre promise, les premiers colons découvrirent rapidement que cette terre avait déjà été promise à un élément: l'eau. Ils furent mis à l'épreuve par cette région détrempée, vaste étendue sauvage composée de *prairies tremblantes* et habitée par nombre de *cocodrils* (alligators), *chaouis* (ratons-laveurs), serpents, écrevisses, aigrettes, *maringouins* (moustiques) et *ouaouarons* (grenouilles-taureaux). C'est ici dans les marécages presque infranchissables de la Louisiane que les nouveaux arrivés durent apprendre à co-habiter avec les habitants de cette forêt aquatique.

Juste à l'est de Saint-Martinville se trouve le Bassin de l'Atchafalaya (qui signifie "longue rivière" dans la langue des Choctaws), immense territoire marécageux, à l'intérieur duquel se trouvent une myriade de lacs, de bayous et de marais, constituant une forêt primaire à l'aube de la création. Le domaine obscur de l'Atchafalaya est un lieu de solitude liquide et ombreuse au travers duquel les rayons de soleil, tout comme la civilisation, apparaissent comme des intrus.

À quelques kilomètres à l'ouest de Saint-Martinville, le ciel résonne des cris d'une douzaine d'espèces d'oiseaux aquatiques qui nichent dans les cyprières spectaculaires du lac Martin. Plus bas, dans les eaux vertes couvertes de plantes exubérantes, des reptiles impassibles naviguent nonchalamment entre les cyprès, parmi les ragondins, les rats musqués et autres poissons aux origines préhistoriques.

Face à cette flore et à cette faune, belles et menaçantes, les premiers défricheurs de marécages acceptèrent rapidement les défis posés par cet environnement indomptable. Comme les Chitimachas avant eux, ils finirent par appartenir corps et âme à l'univers des marais où la nature et l'homme essaient inlassablement de reprendre leurs droits.

Le tapis vert de la cyprière au Lac Martin.

THERESA B. BONIN
MARCH 24, 1920
MAY 7, 1964

LE CIMETIERE

Ci gît Joseph Ignace Castille,
né à Baltimore, Amérique du nord le
22 Janvier 1761,
décédé à son habitation dans la paroisse
St. Martin, le 10 Août 1833

—Inscription sur une tombe au cimetière de Saint-Martinville

Chaque automne, au Petit Paris, les pacanes tombent sur les caveaux des résidents de la Cité des Morts. Les écales vertes reposent sur les tombes blanchies à la chaux lors de la Toussaint, et élevées contre les eaux deltaïques de la basse Louisiane. Ils sont tous là, anciens acteurs du drame passionné qu'était la survivance: les Amérindiens loin de leurs anciens tertres funéraires; les émigrés français transplanteurs de culture et planteurs de la canne, qui finit par recouvrir les sépultures familiales; les enfants d'Afrique qui traversèrent le bayou Tèche pour atteindre la rivière Jourdain; les Cadiens, peuple aux vies fracassées et aux légendes émouvantes mais dont l'âme se déploie encore aujourd'hui dans la brise salée qui balaie les marais du golfe.

Même dans la mort, les défunts de Saint-Martinville paraissent immortels. Grâce à leur foi, leur passion, leur simple entêtement, ils ont pu transcender les limites de ce pays tantôt hostile, tantôt implacable, et transmettre l'essence d'une humanité endurante, qu'on pourrait retrouver aujourd'hui dans la plainte d'un accordéon, un plat de Jambalaya ou des bavardages de véranda ponctués par les craquements d'un casseur de pacanes.

La Cité des Morts: le Cimetière de Saint Martinville.

ACKNOWLEDGMENTS

The author acknowledges the following individuals whose assistance and cooperation were instrumental in the realization of *Memories of St. Martinville*: Dorice Côté, Frédéric Girani, Melodi Marchiafava, Mayor Eric Martin (St. Martinville), Jolene Adam (Acadian Memorial), Dwight Landreneau (Louisiana Office of State Parks), Bo Boehringer (Lousiana Office of State Parks), Jackie Wallace (Longfellow-Evangeline SCA), Bill Pratt (Longfellow-Evangeline SCA), Rev. Jean-Marie Jammes (St. Martin de Tours Church), Rev. P. Austin Leger (St. Martin de Tours Church), Danielle Fontonette (La Maison Duchamp), Patricia Resweber (Petit Paris Museum), Laurence Resweber (Petit Paris Museum), Peggy Hulin (The Old Castillo Hotel), L. C. Levert (St. John Plantation), Yvette Greig (St. Martin Parish), the St. Martin Parish Library, Elaine Clément, and Dr. Milburn Calhoun of Pelican Publishing Company.

The Arrival of the Acadians by Robert Dafford, © City of St. Martinville, Louisiana. Funded by individual donations and memorials and by the National Endowment for the Arts, the Louisiana State Arts Council, the Louisiana Division of the Arts, the Office of Cultural Development in the Louisiana Department of Culture, Recreation and Tourism, and the Acadiana Arts Council.